BEI GRIN MACHT SICH IHR WISSEN BEZAHLT

- Wir veröffentlichen Ihre Hausarbeit,
  Bachelor- und Masterarbeit

- Ihr eigenes eBook und Buch -
  weltweit in allen wichtigen Shops

- Verdienen Sie an jedem Verkauf

Jetzt bei www.GRIN.com hochladen und kostenlos publizieren

Risiko- und Schutzfaktoren für die Entstehung psychischer Krankheiten. Soziale Unterstützung und dysfunktionale Kognition

Katharina Gross

Bibliografische Information der Deutschen Nationalbibliothek:

Die Deutsche Nationalbibliothek verzeichnet diese Publikation in der Deutschen Nationalbibliografie; detaillierte bibliografische Daten sind im Internet über http://dnb.d-nb.de abrufbar.

ISBN: 9783346290601
Dieses Buch ist auch als E-Book erhältlich.

Einsendeaufgabe

Klinische Psychologie

SRH Fernhochschule – The Mobile University

Modul: Klinische Psychologie

Studiengang: B. Sc. Psychologie

Vorgelegt von: Katharina Gross

Inhaltsverzeichnis

Abkürzungsverzeichnis

ADHS	Aufmerksamkeitsdefizit-/Hyperaktivitätsstörung
bspw.	beispielsweise
bzw.	beziehungsweise
d. h.	das heißt
DIPS	Diagnostisches Interview für psychische Störungen
DSM-IV	Diagnostic and Statistical Manual of Mental Disorders (4. Fassung)
et al.	lat. = et alii, dt. = und andere
ICD-10	International Statistical Classification of Diseases and Related Health Problems (10. Fassung)
i. d. R.	in der Regel
PTBS	Posttraumatische Belastungsstörung
PTSD	engl. posttraumatic stress disorder
S.	Seite
SKID	Strukturierte Klinische Interview
z. B.	zum Beispiel
zit. nach	zitiert nach

1 Risiko und Schutzfaktoren für die Entstehung psychischer Krankheiten

Faktoren, die das Auftreten einer psychischen Störung wahrscheinlicher machen, gibt es zahlreiche. Ebenso sind schützende Faktoren vorhanden, welche das Auftreten einer psychischen Störung unwahrscheinlicher machen. Vorweg soll bereits erwähnt werden, dass nicht jeder Mensch, der Risikofaktoren ausgesetzt ist, auch eine psychische Störung erleiden wird. Andersherum ist eine Person, die über viele Schutzfaktoren verfügt, nicht vor einer psychischen Störung gewappnet. Diese Tatsache gilt über Kulturen hinweg (Caspar/Pjanic/Westermann, 2018, S. 3; Berking, 2012, S. 23).

Ein wesentlicher Risikofaktor, der im Grunde nicht beeinflussbar ist, stellt die genetische Disposition dar. Deutlich wird diese Feststellung bei Studien mit eineiigen und zweieiigen Zwillingen. Es ist erwiesen, dass bei eineiigen Zwillingen häufiger beide Geschwister bspw. an Schizophrenie oder einer bipolaren Störung erkranken, als dies bei zweieiigen Zwillingen der Fall ist (Berking, 2012, S. 21). Nichtsdestotrotz muss eine Krankheit wegen einer solchen genetischen Disposition nicht zwingend zum Ausbruch kommen. Es gibt kein Gen, das für eine bestimmte psychische Störung codiert (Berking, 2012, S. 21). Entscheidend dafür, ob sich eine psychische Störung entwickelt, ist das Zusammenspiel einer Reihe von Genen mit individuellen Umwelterfahrungen einer Person sowie deren physischen Veränderungen (Berking, 2012, S. 21). Des Weiteren wiegt die genetische Komponente nicht für jede Krankheit gleich schwer. Konkordanzraten bei eineiigen Zwillingen für Schizophrenie und bipolare Störungen sind signifikant erhöht, wohingegen im Zusammenhang mit Depression dieser Wert sinkt (Berking, 2012, S. 21). Es gibt genetische Dispositionen, die die Wahrscheinlichkeit erhöhen, eine psychische Störung zu bekommen. Sie müssen jedoch allein wegen ihres „Vorhandenseins" nicht zum Tragen kommen.

Ein anderer Risikofaktor sind die prä- und perinatalen Schädigungen. Zu ihnen zählen bspw. die Hypoglykämie (Unterversorgung mit Blutzucker) durch eine Stoffwechselerkrankung der Mutter oder schädliche Substanzen, wie Alkohol oder Nikotin die die Mutter während der Schwangerschaft konsumiert hat. Außerdem gehören Frühgeburt und Schädel-Hirntraumata zu den perinatalen äußeren Risikofaktoren. Je nach Schweregrad und Ausprägung der Schädigung variieren die Folgen. Mögliche Symptome sind z. B. Demenzen, Lähmungen, Gedächtnisstörungen oder intellektuelle und sprachliche Beeinträchtigungen (Berking, 2012, S. 22). Bedeutungsschwer innerhalb der Kategorie von prä- und perinatalen Schädigungen sind die Folgen, die die genannten Handicaps mit sich bringen. Leidet ein Patient aufgrund einer pränatalen

Schädigung an einer organischen Erkrankung, so können ein niedriger Bildungsabschluss (bspw. wegen ADHS) und im Zuge dessen Arbeitslosigkeit die Folge sein. Patienten mit solchen Beeinträchtigungen sind einem erhöhten Stress ausgesetzt. Ihr „Bewältigungsrepertoire" für Disbalancen ist häufig schnell erschöpft und es kommt zur Überlastung. Das Selbstwertgefühl ist beeinträchtigt und das Risiko, an einer psychischen Störung zu leiden, steigt (Berking, 2012, S. 22).

Am Beispiel der Depression wird deutlich, dass das Geschlecht einen Risiko- bzw. Schutzfaktor darstellt. Z. B. leiden Frauen häufiger an einer Depression, Angststörung oder somatoformen Störung als Männer (Caspar et al., 2018, S. 59). Andersherum kommt es bei Männern häufiger zu Missbrauch psychotroper Substanzen wie Cannabis, Amphetaminen oder Kokain (Caspar, 2018, S. 104). Auch bei Kindern und Jugendlichen lässt das Geschlecht Tendenzen erkennen: Jungs weisen zwischen drei und vierzehn Jahren eine signifikant höhere Prävalenz für psychische Auffälligkeiten auf als Mädchen (Klipker/Baumgarten/Göbel/Lampert/Hölling 2018, S. 39).

Je nach psychischer Störung kann das Alter der Person eine Rolle spielen. Zahlreiche „Erstmanifestationen" (Berking, 2012, S. 22), also das erstmalige Auftreten einer Krankheit, lassen sich im mittleren Erwachsenenalter feststellen. Auch eine „zweigipflige Verteilung" (Berking, 2012, S. 22) wie bei bipolaren affektiven Störungen ist beobachtbar. Borderline-Persönlichkeitsstörungen und Opiatabhängigkeit werden mit zunehmendem Alter etwas unwahrscheinlicher.

Einen großen Raum im Zusammenhang mit Risiko- und Schutzfaktoren nimmt die Persönlichkeit einer Person ein. Berking (2012, S. 22) gibt an, dass hoher Neurotizismus, Introversion, Sensation- / Novelty-Seeking und ein geringes Selbstwertgefühl neben der „Experiental Avoidance" Risikofaktoren für die Entwicklung einer psychischen Störung darstellen. Auffallend ist, dass hinter jedem dieser Fachbegriffe eine starke Ausprägung eines bestimmten Persönlichkeitsmerkmals steht. So ist ein neurotischer Mensch schnell ängstlich, leicht reizbar und „zeigt bereits bei geringer Stimulation ausgeprägtere, emotional getönte autonome Reaktionen" (Fiedler, 2012, S. 113). Anders verhält es sich bei dem „Sensation-Seeking", wenn Menschen besonders viel Abwechslung und Aufregung suchen. Sie verfügen über eine hohe Neugier und benötigen intensive und neuartige Stimulation, um sich wohlzufühlen (Herzberg/Roth, 2014, S. 31, 154). Unter „Novelty-Seeking" versteht man entsprechend das Gegenteil.

Besonderen Raum nimmt das „Experiential Avoidance" (Hayes et al. 2004 zit. nach Berking, 2012, S. 22) ein. Dabei geht es um das Bestreben von Menschen, die Konfrontation mit inneren, möglicherweise unangenehmen Gefühlen, Gedanken oder Erinnerungen zu vermeiden. Solche

Personen sind mit einer höheren Wahrscheinlichkeit, eine psychische Störung zu bekommen, konfrontiert.

Als weiteren Risikofaktor nennt Berking (2012, S. 23) die Komorbidität. Darunter versteht man die Tatsache, dass infolge einer Erkrankung die Wahrscheinlichkeit eine weitere psychische Störung zu bekommen, steigt. Beispiel hierfür ist die Angststörung, unter der häufig ein Vermeidungsverhalten zu beobachten ist. Infolgedessen wird der Verstärkerverlust[1] größer und die Wahrscheinlichkeit, an einer Depression zu erkranken, höher. Die Dynamik kann ebenso mit einer Depression beginnen, wodurch die Zuversicht, Herausforderungen meistern zu können, sinkt. Folglich werden schwierigere Situationen gemieden und es resultiert eine Angstentwicklung. Insbesondere die Depression weist eine hohe Komorbidität mit anderen Störungen auf (75-90%). So geht die Depression häufig in Kombination mit Angststörungen, Zwängen, PTBS, Essstörungen, Substanzabhängigkeiten, Schlafstörungen, hirnorganischen Störungen, Demenzerkrankungen und Persönlichkeitsstörungen einher (Schauenburger/Zimmer, 2012, S. 371).

Auch eine zeitlich zurückliegende psychische Erkrankung lässt das Risiko einer erneuten Erkrankung wesentlich steigen (Berking, 2012, S. 23). So führen Caspar et al. (2018, S. 58) an, dass das Risiko, nach einer depressiven Episode abermals von einer weiteren Episode betroffen zu sein, um 50% steigt.

Wichtigste Erkenntnis, die Betroffene gewinnen können, ist, aus einer bewältigten Krise Schutzfaktoren zu entwickeln. Das Durchleben der Krankheit kann so in einen „Kompetenzerwerb" (Berking, 2012, S. 23) münden. Wenn die Bewältigungsressourcen gestärkt sind, sind Patienten in der Lage, einer weiteren Episode zuversichtlicher zu begegnen.

Einen etwas geringeren Stellenwert nimmt bislang die Kultur als Risikofaktor ein. Wie eingangs bereits erwähnt, kennen psychische Störungen keine kulturellen Grenzen (Caspar et al., 2018, S. 3). Berking (2012, S. 23) empfiehlt ausdrücklich, Studien aus unterschiedlichen Kulturkreisen nicht ohne kritischen Blick zu vergleichen. Es ist anzunehmen, dass bspw. Normen, Familienstrukturen oder psychosoziale Versorgungssysteme einer Kultur im Zusammenspiel mit weiteren Aspekten als Risiko- oder Schutzfaktor fungieren können. Wie diese detaillierter aussehen, bleibt unklar. Eine exponierte Rolle nehmen laut Berking (2012, S. 23) die Immigranten ein. Diese Personengruppe weist ein signifikant erhöhtes Risiko für psychische Störungen auf. Äußerst kritisch sollte hier jedoch hinterfragt werden, ob das erhöhte Risiko tatsächlich

---

[1] Die Verstärker-Verlust-Theorie geht auf Lewinsohn zurück (Rothgangel/Schüler, 2004, S. 88). Darunter versteht man, dass ein Defizit an positiver Verstärkung im Alltag eine Depression auslösen kann.

etwas mit der Kultur dieser Menschen zu tun hat oder mit ihren Erlebnissen, die sie mit der Form ihrer Immigration (häufig Flucht aufgrund von Krieg) verbinden.

Zuletzt soll auf einen der komplexesten und wichtigsten Risiko- bzw. Schutzfaktoren eingegangen werden: Der sozioökonomische Status. Er definiert sich durch soziale (bspw. Schulabschluss), ökonomische (bspw. Einkommen) und berufliche (bspw. aktueller Job) Komponenten (Berking, 2012, S. 23). Mittlerweile haben zahlreiche Studien gezeigt, dass ein niedriger sozioökonomischer Status das Risiko, eine psychische Störung zu bekommen, wesentlich erhöht. Die bereits erwähnte Studie von Klipker et al. (2018, S. 39-40) bestätigt diese Tatsache erneut. So stellten die Wissenschaftler fest, dass fast jedes vierte Mädchen und jeder dritte Junge einer Familie mit niedrigerem sozioökonomischem Status psychisch auffällig wurde. Von Familien aus wohlhabenderen und bildungsnahen Familien wird etwa nur jedes fünfzehnte Mädchen und jeder achte Junge psychisch auffällig (Klipker, 2018, S. 40). Ebenso stellen (Hehlmann/Schaan/Rubel, 2018, S. 235-236) in einer Studie fest, dass Frauen mit niedrigem Bildungsniveau und geringem Einkommen häufiger eine postpartale Depression erleiden als Gebärende mit besserer Bildung und höherem Einkommen. Weitere Faktoren sind einem Artikel von Häfner/Franz/Lieberz/Schepank (2001, S. 343-346) zu entnehmen. Sie geben aus einer Studie von Breier et al. (1988) wieder, dass Kinder, die einen frühen Elternverlust erleiden, nicht unbedingt wegen dieses Verlusts psychische Störungen entwickeln. Maßgeblich ist „die Qualität des häuslichen Milieus" (Breier et al. 1998, In: Häfner et al. 2001, S. 245). Entscheidend ist, ob Kinder und Jugendliche nach einem Elternverlust eine Bezugsperson haben. Ist eine solche Vertrauensperson vorhanden, können sich selbst Kinder mit psychosozialen Traumatisierungen zu gesunden Erwachsenen entwickeln (Häfner et al. 2001, S. 345). Wie wichtig eine vertrauensvolle Beziehung ist, lässt sich auch aus einer Studie von Kubick et al. (1995; In: Häfner et al. 2001, S. 345) entnehmen. Unerwünschte Kinder, die häufig Ablehnung erfahren oder vernachlässigt werden, begehen häufiger kriminelle Straftaten, sind mit ihrem Beruf unzufrieden und erleben konfliktreiche Partnerschaften.

Angesichts der zahlreichen Risikofaktoren wird die Relevanz von Schutzfaktoren deutlich. Wie zuletzt schon angeklungen, spielt die Beziehung zu Bezugspersonen eine wesentliche Rolle. Für Kinder und Personen bis etwa zum 20. Lebensjahr sind eine primäre Vertrauensperson und ein stabiles soziales Umfeld entscheidend (Werner/Smith 1992; In: Häfner et al. 2001, S. 403). Wichtig ist außerdem, wie innerhalb der Familie mit Herausforderungen umgegangen wird. Deutlich haben das die „Oakland Growth Study" und die „Berkeley Guidance Study" veranschaulicht. Diese Studien untersuchten Kinder und Jugendliche aus Familien, die von der Wirtschaftskrise im Jahr 1929 und deren Folgen betroffen waren. Als relevant für eine gesunde

Entwicklung der jungen Menschen zeigten sich die Merkmale der Familienmitglieder vor der Krise, das Verhalten während der Krise und das Verhalten des Vaters (Häfner et al. 2001, S. 404). Eltern leben ihren Kindern vor, ob konstruktiv mit schwierigen Lebenssituationen umgegangen wird oder nicht. Besonders eindringlich sind die Ergebnisse der „Kauai-Studie" (Werner/Smith, 1992; In: Häfner et al., 2001, S. 404). Zusammenfassend stellten die Wissenschaftler fest, dass selbst Kinder, die vielen Risikofaktoren ausgesetzt waren, mithilfe von „turning points" ein geregeltes Erwachsenenleben erreichen können. Solche Effekte sind z. B. Heirat oder eine andauernde Beziehung, die Geburt des ersten Kindes, gute Einbindung in das Arbeitsleben oder zusätzliche Bildung (Häfner et al., 2001, S. 404).

Als bedeutungsschwer erweisen sich „Coping-Strategien", d. h. die Fähigkeit einer Person mit Herausforderungen umzugehen. Im Zusammenhang damit steht die Resilienzforschung. Themenschwerpunkt dabei ist, worüber Menschen verfügen müssen, um trotz widriger Umstände keine psychische Störung davonzutragen und wie solche Eigenschaften und Fähigkeiten erlernt oder unterstützt werden können. Menschen, die über ein ganzes Repertoire an Bewältigungsstrategien verfügen, also personalen und internalen Ressourcen, sind weniger gefährdet, eine psychische Störung zu erleiden (Häfner et al., 2001, S. 404).

2 Soziale Unterstützung und dysfunktionale Kognition im Kontext psychischer Störungen

2.1 Soziale Unterstützung

Wie bereits in der letzten Aufgabe angesprochen, tragen zwischenmenschliche Bindungen erheblich zum Wohlbefinden bei und dienen als Schutzfaktoren vor psychischen Störungen. Grundsätzlich wird unter sozialer Unterstützung verstanden, dass ein Unterstützungsempfänger während Belastungen von einem Unterstützungsgeber Hilfsangebote erhält (Kienle/Knoll/Renneberg, 2006, S. 108). Die Art der Unterstützung kann variieren: Die „informationelle Unterstützung" ist die Mitteilung eines nützlichen Rates oder hilfreicher Informationen. Die praktische Hilfe wird als „instrumentelle Hilfe" bezeichnet und meint konkrete Ausführungen, bspw. Erledigungen aber auch das Bereitstellen finanzieller Mittel. Die dritte Art ist die „emotionale Unterstützung", worunter Mitgefühl, Trost, Wärme und Zuspruch gemeint sind (Kienle, 2006, S. 108).

Das Ziel von sozialer Unterstützung ist nach Knoll und Schwarzer (2005, S. 334), einen schwierigen Lebensumstand zu verändern, Leid zu verringern oder wenigstens erträglicher zu machen.

8

Wichtige Erkenntnisse hat Hobfoll in Form seiner Theorie zur Ressourcenerhaltung (2001, zit. nach Kienle, 2006, S. 108) festgehalten: Soziale Unterstützung versteht der Amerikaner als externale Ressource. Nicht die Menge an Ressourcen ist entscheidend, sondern wie effektiv sie auf herausfordernde Umweltbedingungen anwendbar sind. Folglich muss soziale Unterstützung auf die Situation des Hilfeempfängers individuell angepasst sein.

Ein wesentlicher Unterschied kann zwischen der „erhaltenen Unterstützung" und der „wahrgenommenen Unterstützung" auftreten. Wie eine Person die erhaltene Unterstützung bewertet, ist nur nachträglich eruierbar. Der Begriff der wahrgenommenen Unterstützung ist zudem etwas irreführend, denn er meint die Unterstützung, die eine Person zukünftig erwartet, wenn sie Hilfe benötigt, und nicht die, die jemand aktuell erfährt (Kienle et al., 2006, S. 109). Das Empfinden einer Person über die erhaltene Unterstützung und die von der Umwelt geleistete oder angebotene Unterstützung können voneinander abweichen.

Im Zusammenhang von sozialer Unterstützung und Gesundheit wird v. a. untersucht, welchen Einfluss die soziale Unterstützung auf Stress und dessen physische und psychische Folgen haben.

Die Stress-Symptomatik wird in drei Ebenen unterteilt: Die affektive Ebene, die kognitive Ebene und die somatische Ebene (Kienle et al., 2006, S. 114).

Als Grundannahme gilt, dass Stress dann eintritt, wenn die Anforderungen von Situationen und der Umwelt mit den verfügbaren Bewältigungsressourcen einer Person nicht ausreichend ausgeglichen werden können. Folgen der Dysbalance sind häufig, Angst, Ärger oder Trauer (Hobfoll, 1989, zit. nach Kienle et al., 2006, S. 114). Als logische Konsequenz dieser Tatsache lässt sich vermuten, dass mehr Ressourcen bzw. im hiesigen Kontext eine hohe soziale Unterstützung auch einen höheren Schutz vor Stress darstellen. Hintergrund ist die Annahme, dass die Verfügbarkeit von Unterstützung physiologische und/oder psychologische Prozesse im Körper stimuliert, die die Schutzbarriere vor Erkrankungen und psychischen Störung erhöhen (Kienle et al., 2006, S. 114).

Mithilfe des „Haupteffektmodells der sozialen Unterstützung" wird dieser Effekt beschrieben (Kienle et al., 2006, S. 114-115). Das Modell geht davon aus, dass sich allein das Wissen einer Person, ihr stünde Hilfe zur Verfügung, sofern sie benötigt würde, entlastend und somit der Gesundheit zuträglich auswirkt. Hier wird besonders die vorbeugende Funktion wahrgenommener Unterstützung deutlich.

Das „Moderatormodell" (auch: Pufferhypothese) kommt erst dann zum Tragen, wenn bereits ein Stressor vorliegt. Anders als bei dem Haupteffektmodell geht es nicht um die potentiell verfügbare Unterstützung, sondern die tatsächlich erhaltene soziale Unterstützung. Obwohl bei diesem Modell die Annahme nahe liegt, dass konkret erhaltene Hilfe während einer Stressphase Erleichterung bringt, lässt sich dies nicht generalisieren. Revenson et al. (1991, zit. nach Kienle et al., 2006, S. 116) konnten feststellen, dass soziale Unterstützung einen Stressprozess auch negativ beeinflussen kann. Eine Möglichkeit für diese Beobachtung ist, dass sich die Hilfeempfänger in der Schuld der Hilfegeber sehen und sich dadurch das Stressgefühl sogar noch erhöht. Für manche Menschen ist die Tatsache, Hilfe zu benötigen, vergleichbar mit einer Niederlage, weshalb ihr Selbstwert sinkt und auch dann soziale Unterstützung nicht den Effekt hat, der eigentlich erzielt werden sollte.

Zuletzt folgt das „Mediatormodell". Darunter werden gesundheitsrelevante Verhaltensweisen als Vermittler zwischen sozialer Unterstützung und Gesundheit verstanden (Kienle et al., 2006, S. 116). Sehr deutlich wird dies im Zusammenhang mit einer Rauch- oder Alkoholentwöhnung. Unterschiedlichen Studien (bspw. Bond et al. 2003, Burkert et al. 2005, Lippke 2004; In: Kienle et al. 2006, S. 116) haben gezeigt, dass die Unterstützung von Mitgliedern eines sozialen Netzes positiven Einfluss darauf hatte, dass die Betroffenen weniger rauchten und tranken. Ein solches Netzwerk kann konkrete Hilfestellung und Beistand bei Entzugssymptomen leisten. Eine weitere Mediatoraufgabe kann ein soziales Netzwerk dann haben, wenn es bspw. dazu animiert, sportlich aktiv zu bleiben. Schwarzer (2004; In: Kienle et al. 2006, S. 117) merkt an, dass der Funktion eines sozialen Netzwerks keinesfalls eine „Schlüsselrolle" zugesprochen werden darf. Nichtsdestotrotz erleichtert ein soziales Netzwerk den Rückgriff auf soziale Unterstützung, wenn sie benötigt wird. Billings et al. (1983, zit. nach Davison/Neale/Hautzinger, 2007, S. 323) stellte fest, dass ein Mangel an sozialer Unterstützung die Wahrscheinlichkeit, an einer Despression zu erkranken, erhöht.

Eine Studie von Vernberg et al. (1996, zit. nach Davison et al., 2007, S. 193) zeigte bspw., dass soziale Unterstützung das Risiko eine PTSD zu entwickeln, verringern kann. So erkrankten Kinder, die Opfer eines Wirbelsturms geworden waren, seltener an einer PTSD, wenn sie auf ein hohes Maß an sozialer Unterstützung zurückgreifen konnten.

2.2 Dysfunktionale Kognition

Die Kognition umfasst Prozesse der Wahrnehmung, des Erinnerns und des Vorstellens, somit geistige Prozesse wie Denken, Urteilen, Begreifen und Planen (Kring/Johnson/Hautzinger, 2019, S. 588). Diese Prozesse können gestört sein, sodass daraus eine dysfunktionale Kognition resultiert. Margraf und Schneider (2009, S. 694) beschreiben die dysfunktionale Kognition als „eine die psychische Gesundheit und das Wohlbefinden beeinträchtigende Kognition". Sie ist im Kontext mit mehreren psychischen Störungen zu beobachten, v. a. bei Depression, Schizophrenie und psychischen Störungen im Zusammenhang mit Hirnerkrankungen.

Einen maßgeblichen Vorstoß bezüglich der Auswirkungen dysfunktionaler Kognition auf die Gesundheit hat bereits in den 1950er Jahren Albert Ellis geleistet (Radkovsky/Berking, 2012, S. 35). Aus den Erkenntnissen des amerikanischen Psychologen ging die heutige „Rational-emotive Verhaltenstherapie" hervor. Ihr liegt zugrunde, dass eine psychische Störung ihren Ursprung in einer „verzerrten Wahrnehmung, unlogischen Annahmen oder falschen Interpretationen" haben (Reinecker, 2012, S. 234).

Beispielhafte Gedanken sind: „Ich muss perfekt sein" oder „Ich bin ein Versager". Hinter solchen Aussagen stehen relativ extreme Denkmuster, wie fehlerfrei sein zu müssen, undifferenzierte Verallgemeinerungen (bspw. „Ich habe immer schlechte Noten"), Katstrophengedanken (bspw.: „Wenn ich in dieser Prüfung keine gute Note schreibe, wird mein ganzer Studienschnitt schlecht") und eine niedrige Frustrationstoleranz. Ziel der „Rational-emotive(n)-Verhaltenstherapie" ist es, mittels einer sog. A-B-C-Analyse[2] die „dysfunktionalen Überzeugungen" der Patienten zu ändern. Statt der Übertreibungen und Generalisierungen sollen Rationalität und eine realistische Einschätzung die Patienten befähigen, konstruktiver mit Herausforderungen umzugehen. In der Gegenwart gilt die „Rational-emotive Verhaltenstherapie" als wirksames Therapieverfahren (Radkovsky/Berking, 2012, S. 37).

Um die Behandlung von Depressionen machte sich Aaron T. Beck in den 1960er Jahren verdient und formulierte die „Kognitive Therapie der Depression". Depressive Menschen zeichnen sich durch ein negatives Selbstbild sowie pessimistische Gegenwarts- und Zukunftsansichten aus. Diese drei Komponenten bezeichnete Beck als „Kognitive Triade". Der Grund für die „maladaptive Informationsverarbeitung" ist eine „negativ verzerrte Sicht der Realität" (Radkovsky/Berking, 2012, S. 37). Die Folge der Denkfehler ist die Entwicklung und Aufrechterhaltung psychischer Störungen. Solchen Denkfehlern liegen meist „negative Schemata" (Radkovsky/Berking, 2012, S. 37) zugrunde und entstehen bereits in der frühen Sozialisationsphase. Oftmals zeigen die negativen Schemata nicht sofort ihre destabilisierende Wirkung, sondern erst in Belastungssituationen. Die Aufrechterhaltung der „Negativ-Spirale" funktioniert nahezu von selbst. So wird z. B. ein Student, der glaubt, er sei nicht besonders intelligent, eine schlechte Note auf seine mangelnde Intelligenz zurückführen und nicht darauf, dass die Klausur sehr schwer war oder er einfach nicht gut vorbereitet war. Negative Ergebnisse, Ursachen und Geschehnisse werden mit der Inkompetenz der eigenen Person begründet, sodass sich die

---

[2] A = Activating event, d. h. äußere Ereignis; B = belief system, d. h. rationale bzw. irrationale Meinungen zu A; C = consequences, d. h. Reaktion auf A, bspw. Trauer od. Wut (Reinecker, 2012, S. 234).

anfängliche Behauptung, man sei nicht besonders intelligent, bestätigt. Ein sogenannter „Teufelskreis" ist entstanden und sehr prekär: Durch die ständige Bestätigung im Scheitern wird er aufrechterhalten.

Das Ziel der Kognitiven Therapie ist zum einen, dass Patienten ihre dysfunktionalen Denkmuster bzw. Schemata erkennen, und zum anderen, dass sie diese verändern (Radkovsky/Berking, 2012, S. 38). Die Wirksamkeit der Kognitiven Therapie nach Beck ist mit unterschiedlichen Studien für folgende psychische Störungen bestätigt worden: Depression, Panikstörung und Agoraphobie. Immerhin eine „wahrscheinliche Wirkweise" wird der kognitiven Therapie bei Zwangsstörungen, sozialen Phobien und Suchterkrankungen zugeschrieben (Radkovsky/Berking, 2012, S. 38-39).

Eine dritte Methode, auf dysfunktionalen Kognitionen verändernd einzuwirken, ist das Führen eines inneren Monologs oder auch sog. internalisiertes Sprechen nach Donald Meichenbaum (Reinecker, 2012, S. 235).

Eine Studie von Ertle/Joormann/Wahl/Kordon (2009, S. 44) untersuchte, ob die Reduktion von Angst- und depressiver Symptomatik mit der Reduktion dysfunktionaler Kognition zusammenhängt. Dabei stellten Ertle et al. (2009, S. 44) fest, dass die Patienten im Rahmen der Therapie zwar belastbarer werden, jedoch das Ausmaß der Sorgen zu Therapiebeginn mit einer geringen Besserung der Angstsymptomatik am Therapieende einhergeht. Diese Studie macht deutlich, dass eine starke Ausprägung dysfunktionaler Kognitionen den Therapieverlauf erschwert. Die logische Schlussfolgerung dieser Beobachtung wäre also, die dysfunktionalen Kognitionen bestmöglich zu reduzieren, also kognitiv umzustrukturieren, damit ein größerer und dauerhafter Therapieerfolg möglich wird.

Eine Studie um Mikhliner/Solomon (1988, zit. nach Davison/Neale/Hautzinger, 2007, S. 193) hat gezeigt, dass Veteranen des Libanonkrieges eher eine PTSD entwickelten, wenn sie sich persönlich für Misserfolge verantwortlich fühlten. Hier wirkt die Diskrepanz zwischen der Attribution von Ereignissen auf die eigene Person und der Attribution auf äußere Umstände. Veteranen, die Misserfolge auf äußere Umstände zurückführten, erkrankten seltener an einer PTSD.

Im Kontext mit der PTSD gibt es sogar eine Reihe dysfunktionaler Kognitionen, die für die Entwicklung einer chronischen PTSD verantwortlich sind. Das sog. Kognitive-Störungsmodell von Ehlers und Clark (2000, zit. nach Maercker/Michael, 2009, S. 112) beschreibt bspw., wie die Gedankenunterdrückung negativer Ereignisse das Gegenteil, nämlich eine Steigerung von Intrusionen, hervorruft.

An dieser Stelle wird die Relevanz der kognitiven Umstrukturierung deutlich und muss folglich als Voraussetzung einer erfolgreichen Behandlung angesehen werden.

3 Der diagnostische Prozess anhand eines Beispiels

Nach seiner Aufnahme auf einer psychosomatischen Station in der Freiburger Universitätsklinik für Psychiatrie und Psychotherapie findet die erste Begegnung zwischen dem Patienten, Herr Schneider, und einer Psychotherapeutin, Frau Fischer, statt.

Die Diagnostik erfolgt multimodal, d. h., dass im Rahmen des Aufenthaltes verschiedene Determinanten zur Gesundheit des Patienten untersucht werden. Dazu gehören selbstverständlich psychologische und physiologische Aspekte, aber auch biologische oder soziale (Caspar et al., 2018, S. 15).

Frau Fischer erklärt Herrn Schneider, dass zur exakten Bestimmung der Diagnose und der Therapieplanung neben Gesprächen und körperlichen Untersuchungen auch klinische Fragebögen zum Einsatz kommen. Beispielhaft könnte dafür das SKID (Strukturierte Klinische Interview) sein. Es gibt Aufschluss über die Einordnung der Diagnose im Rahmen des US-amerikanischen Klassifikationssystem (DSM-IV). Ebenso kommt die Verwendung des DIPS (Diagnostisches Interview für psychische Störungen) in Betracht.

Bedeutsam während des Erstgesprächs ist die entstehende Beziehung zwischen dem Patienten und der Therapeutin, welche eine Vertrauensbasis für die kommenden Wochen während des Aufenthaltes des Patienten in der Klinik ist. Sie fragt Herrn Schneider, ob es in Ordnung ist, wenn sie sich zu seinem Lebenslauf und seiner Familie ein paar Notizen macht. Diese dienen als reine Gedankenstütze, um ggf. in Absprache mit Kollegen ein individuelles Behandlungskonzept für ihn aufzuarbeiten. Herr Schneider stimmt dem Vorgehen zu. Anschließend bittet die Therapeutin den Patienten im Rahmen einer freien Exploration über sich, seine Familie und seine Beschwerden zu berichten. Damit möchte sie die Selbstwahrnehmung des Patienten erfahren und erlebt während des Berichts zugleich, wie sich Herr Schneider artikuliert und verhält. Bspw. könnten so ein monotoner Sprachgestus, Tics oder andere Auffälligkeiten bereits festgestellt werden.

3.1 Bericht des Patienten

Der unten beschriebene Patient ist fiktiv und nicht real.

Christoph Schneider ist 58 Jahre alt, von Beruf Elektroinstallateur und Vater von drei Kindern. Vor zwei Jahren hat sich seine Frau von ihm getrennt. Sie hat ihren jetzigen Partner bei einem Sportkurs kennengelernt. Sie bedauerte zwar das Auseinanderbrechen der Ehe, aber es gäbe keine Gemeinsamkeiten mehr. Nach der Trennung lebten die Kinder bei seiner Frau, weil Herr Schneider beruflich viel unterwegs ist. Kontakt zu seinen Kindern besteht, allerdings nicht regelmäßig und hauptsächlich über WhatsApp.

Der Vater von Herrn Schneider ist bereits verstorben, als er noch ein Kind war und die 92-jährige Mutter ist an Demenz erkrankt und befindet sich in einem Pflegeheim. Der Patient hat einen vier Jahre jüngeren Bruder.

Herr Schneider ist in seiner Firma verantwortlich für ein Team von etwa zwanzig Mitarbeitern. Er ist deutschlandweit auf Großbaustellen im Einsatz und für die gesamte Elektroinstallation von komplexen Gebäuden zuständig. Oft arbeitet er über 40 Stunden in der Woche, dazu kommen Reisezeiten und die Organisation von Dienstplänen oder Krankheitsvertretungen seiner Mitarbeiter, oft arbeite er bis spät in die Nacht. Herr Schneider verdient nicht schlecht, hat allerdings wegen der Unterhaltspflicht für die drei Kinder recht hohe Ausgaben, für sich selbst brauche er aber nicht viel.

Der Patient stellt fest, dass er im Vergleich zu früher schneller „genervt und aggressiv" wird. Er hat im letzten Jahr zehn Kilo zugenommen und muss wegen Blutdruckentgleisungen Medikamente einnehmen. Wanderungen, wie er sie früher an freien Wochenenden mit Freunden gemacht hat, finden schon lange nicht mehr statt. Wenn er nach seinen zahlreichen Geschäftsreisen endlich nach Hause kommt, wolle er einfach nur seine Ruhe und schlafe an den freien Tagen viel.

Seit einiger Zeit frage sich Herr Schneider, für wen er den „ganzen Stress" eigentlich noch auf sich nehme. Den Auftraggebern gehe es nie schnell genug, Mitarbeiter machen Fehler und er müsse für Fehler geradestehen, die er gar nicht gemacht habe. Er fragt sich, ob er seinem Team die Aufträge schlecht erkläre.

Der Patient schildert, dass ihn jetzt seit etwa einem halben Jahr überfallartige „Panikattacken" mit Herzrasen, Übelkeit und Schweißausbrüchen ereilen. Der Kontrollverlust über seinen Körper gebe ihm nun „den Rest", deshalb habe er einer Einweisung in die Klinik zugestimmt.

3.2 Beschreibung der Symptome und klassifikatorische Diagnose

Die Therapeutin fasst folgende Fakten aus dem Erstgespräch zusammen: Der Patient berichtet, seit etwa zwei Jahren zunehmend antriebslos und schnell gereizt zu sein. Er schildert Sinnfragen, Suizidalität ist nicht gegeben. Vorhandenen Einschlafstörungen wird durch Bierkonsum abgeholfen. Der Patient hat wenig soziale Kontakte, schläft in seiner Freizeit viel und wirkt erschöpft und angespannt. Symptome eines depressiven Syndroms lassen sich eindeutig erkennen.

Herr Schneider ist seit Jahren einer hohen Arbeitsbelastung ohne feste Rhythmen zwischen Aktivitäts- und Ruhephasen sowie einer großen Verantwortung für 20 Mitarbeiter ausgesetzt. Er hat außerdem zahllose Überstunden. Der Patient bewegt sich selbst unter Außerachtlassung seines Privatlebens in einem von Stressoren geprägten Arbeitsleben. Hinzu kommt eine erst zwei Jahre zurückliegende Scheidung und ein spärlicher Kontakt zu seinen drei Kindern. Diese Konstellation deutet darauf hin, dass es innerfamiliäre Spannungen gibt, die das Wohlbefinden beeinträchtigen.

Seit etwa einem Jahr klagt der Patient über häufige Rückenschmerzen und seit einigen Wochen kommen „Panikattacken" mit Herzrasen, Übelkeit und Schweißausbrüchen hinzu. Die Symptomatik ist nicht kontrollierbar, was ihm besonders zusetzt. Der Kontrollverlust gab den Auslöser, sich in Behandlung zu begeben.

Herr Schneider hat einen frühen Vaterverlust erlitten und berichtet auf Nachfragen hin, dass er oft auf seinen vier Jahre jüngeren Bruder aufpassen musste, weil die Mutter arbeiten ging, um die Familie finanziell zu versorgen. Hier zeigt sich erneut eine Verantwortungsbelastung. Das Verhältnis zur Mutter beschreibt er als „gut" bis zu ihrer Demenzerkrankung. Sein Bruder habe sich wegen seiner schlechten Laune eher zurückgezogen. Wenn es in den letzten zwei Jahren zum Kontakt kam, endete der meist in unnützen Auseinandersetzungen. In Bezug auf die Familienanamnese ist festzuhalten, dass die Mutter mit etwa 87 Jahren an Demenz erkrankte und seit zwei Jahren in einem Pflegeheim lebt. Sonstige physische und psychische Auffälligkeiten waren nie vorhanden. Der Vater ist an einem zu spät behandelten Schlaganfall verstorben, als der Patient neun Jahre alt war.

Als körperliche Vor- und Begleiterkrankungen sind das Übergewicht und die Hypertonie zu nennen, welche derzeit mit Candecor durch den Hausarzt eingestellt ist. Außerdem leidet der Patient über Rückenschmerzen und nimmt bei Bedarf Ibuprofen. Seit einigen Wochen klagt er über Panikattacken mit Herzrasen, Übelkeit und Schweißausbrüche.

Psychologische Diagnose, Komorbidität und Differentialdiagnostik:

Der Patient zeigt zum einen Symptome einer leichten depressiven Episode nach F32.0 (ICD-10). Er ist im Allgemeinen von seinen Symptomen beeinträchtigt, jedoch meist noch in der Lage seinem Alltag nachzugehen. Zum anderen nehmen die somatischen Symptome (Herzrasen, Übelkeit und Schweißausbrüche) seit einiger Zeit zu. Diese geben Anlass zur Annahme einer vorliegenden Panikstörung nach F41.0 (ICD-10) und werden zum jetzigen Stand der Diagnostik als Folge der Depression beurteilt. Der Diagnose F41.0 gehen häufig depressive Störungsbilder voraus, weshalb differentialdiagnostisch eine Klassifizierung nach F41.2 derzeit ausgeschlossen werden kann. Die Paniksymptomatik tritt nämlich im Vergleich zur depressiven Symptomatik erst seit kürzerer Zeit auf. Bezüglich der somatischen Symptome zeigt Herr Schneider ein typisches Bild von Angst- und Paniksymptomatik im Zuge einer Depression. Eine Diagnose von F41.1 ist somit auszuschließen, weil die Angstsymptomatik punktuell auftritt und nicht generalisiert ist.

Weiterhin ist differentialdiagnostisch festzuhalten, dass weitere affektive Störungen wie die bipolare affektive Störung oder Schizophrenie nicht gegeben sind.

Um andere organische Ursachen auszuschließen, erfolgen im Rahmen des Aufenthaltes in den nächsten Tagen entsprechende ärztliche Untersuchungen.

Anamnese der Lebensgeschichte:

Im frühen Verlust des Vaters und in der Verantwortungsübernahme für den jüngeren Bruder sind Vulnerabilitätsfaktoren erkennbar. Darunter versteht man Einflüsse, die Personen für bestimmte psychischen Störungen oder Erkrankungen anfälliger machen (Caspar et al., 2018, S. 20). Ein weiterer Einschnitt stellen die Trennung und Scheidung von der Ehefrau dar. Unklar ist, ob der Tod des Vaters aufgrund eines Schlaganfalls eine familienanamnestische Bedeutung hat. Hier kann eine genetische Disposition für Bluthochdruck vorliegen, muss aber nicht zwangsläufig gegeben sein.

3.3 Therapieplan

Wegen der somatischen Beschwerden lässt die Therapeutin den Patienten eine Symptom-Checkliste (SCL-90-R) ausfüllen (Caspar et al., 2018, S. 19). Damit werden die störungsübergreifenden Belastungen und Einschränkungen festgehalten. Die Beantwortung einer solchen Checkliste ist sowohl vor als auch gegen Ende des Aufenthaltes sinnvoll, weil so die Veränderung der Symptomatik gut verglichen werden kann.

Nach Rücksprache mit Kollegen, wie sie im Rahmen eines biopsychosozialen Behandlungsmodell vorgesehen ist, wird Herrn Schneider eine Verhaltenstherapie vorgeschlagen. Die Therapeutin möchte mit dem Patienten zusammen folgende Ziele entwickeln:

Die Integrierung von angenehmen Aktivitäten in seinen Alltag, bspw. mit Hilfe eines Wochenplans (Hautzinger, 2013, S. 103).

Der Patient soll Coping-Strategien entwickeln, um die dysfunktionale Kognition, Kritik persönlich zu nehmen, soll umstrukturiert werden. Der Lebenslauf des Patienten ist davon geprägt, dass er sowohl privat als auch beruflich große Verantwortung trägt. Die Therapeutin sensibilisiert und ermutigt den Patienten dahingehend, dass er aufmerksamer abschätzt, welche Aufgaben und Verantwortungen er zukünftig tragen will und welche nicht. Außerdem klärt die Therapeutin, dass das Ablehnen von Verantwortung kein Zeichen von Schwäche darstellt. Der Patient lernt seine Empfindungen zu akzeptieren und zu tolerieren (Hautzinger, 2013, S. 182). Auch hier erfolgt eine kognitive Umstrukturierung. Herr Schneider beginnt zu verstehen, dass der frühe Vaterverlust ihn lehrte, dass er „automatisch" oder ungefragt Verantwortung übernimmt und dass diese Tatsache veränderbar ist.

Für die gesamte Behandlungszeit gilt es, die Ressourcen des Patienten zu aktivieren und zu stärken, damit sie ihn dauerhaft stressresistenter machen. Wichtig ist, dass der Patient noch während seiner Aufenthaltes Methoden lernt, wie er außerhalb des geschützten Rahmens der Klinik mit seinen Kräften haushaltet und nach Anstrengungen seine Energiereserven wieder „aufladen" kann. Frau Fischer ermutigt ihn dazu, regelmäßig einem Hobby nachzugehen. Der Patient soll versuchen Neues auszuprobieren, bspw. eine Gruppensportart, einen Chor oder Tanzen.

Um den Selbstwert des Patienten zu stärken, reflektiert er im Rahmen der Gesprächstherapie seine Kenntnisse und Stärken (Caspar et al., 2018, S. 20). Die Führungsposition seiner Arbeitsstelle gibt Auskunft darüber, dass Herr Schneider über Fachkenntnisse verfügen muss. Außerdem berichtete er, früher mit Freunden wandern gewesen zu sein. Ziel der Therapie ist es, dass solche Aktivitäten wiederbelebt oder in neuer Form aktiviert werden. Um ihn dabei zu unterstützen, wird er an einem moderaten Sportprogramm (bspw. Walking) teilnehmen. Das Walken während des Klinikaufenthaltes findet in einer Gruppe statt, wo der Patient üben kann, wieder mehr in Kontakt mit anderen zu treten. Zudem soll ihm auf diese Weise möglichst gelenkschonend ein Einstieg in die Bewegung geebnet werden, damit sich das Gewicht, die Vitalparameter und die Rückenschmerzen verbessern. Wegen der Panikattacken nimmt der Patient an Achtsamkeits- und Entspannungsübungen (bspw. Progressive Muskelentspannung) teil. Im Verlauf seines Aufenthaltes nimmt die Häufigkeit der Panikattacken daraufhin ab.

Innerhalb des therapeutischen Prozesses analysiert Frau Fischer immer wieder das interpersonelle Verhalten der Patienten. Zum einen kann eine Selbsteinschätzung vonseiten des Patienten mittels des „Inventars Interpersonaler Probleme" (IIP-D) erfolgen und zum anderen eine Fremdeinschätzung mit dem „Impact Message Inventory" (IMI) (Caspar et al., 2018, S. 21). Hinzukommend erarbeitet die Therapeutin mit Herrn Schneider Komponenten des SORCK-Modells. Dabei werden Verhaltensweisen, die der Patient selbst als problematisch beschreibt, benannt und genau analysiert. Im Fall von Herrn Schneider könnte das wie folgt aussehen: Weil er es von Kindesbeinen an gewöhnt ist, Verantwortung zu übernehmen, nimmt er alle Aufgaben seines Vorgesetzten an, ohne sich zu fragen, ob er die Tätigkeit leisten will und kann. Schließlich vertraut der Chef ihm sehr und weiß, dass Herr Schneider sein Bestes geben wird. Das Verhalten des Patienten (Annahme von zusätzlichen Aufgaben) ist eine Reaktion „R" auf eine Situation „S" (der Chef setzt Vertrauen in ihn). Die Konsequenzen „C" zeigen sich i. d. R. so, dass die Symptome von Herrn Schneider unter der erhöhten Belastung schlimmer werden (bspw. Rückenschmerzen, Panikattacken). Das „O" beschreibt den Organismus, dessen Eigenschaften die Situation und die Reaktion mitbeeinflussen (bspw., dass Herr Schneider den Chef nicht enttäuschen will) (Caspar et al., 2018, S. 22). Mit „K" wird die Kontingenz beschrieben, d. h. wie häufig das Verhalten zu einer Konsequenz („C" = Rückenschmerzen, Panikattacken) führt.

Ein wichtiges Thema in der Psychotherapie ist die Gestaltung des Arbeitslebens. Herr Schneider erkennt im Verlauf seines Aufenthaltes selbst, dass das viele Reisen und der unregelmäßige Schlaf seiner Gesundheit und den zwischenmenschlichen Verbindungen in seinem Leben nicht guttun. Er erhält praktische Tipps, wie er mit seinem Arbeitgeber über einen Positionswechsel innerhalb der Firma sprechen könnte.

Kurz vor seiner Entlassung führt der Patient mit der Therapeutin eine Evaluation durch, d. h. es wird reflektiert, was sich im Rahmen des Aufenthaltes verbessert hat. Prinzipiell kommt dazu neben den subjektiven Einschätzungen ebenso ein Vergleich von Fragebogenauswertung von vor und nach der Therapie in Betracht.

Im Anschluss an die achtwöchige Therapiezeit durchläuft Herr Schneider eine stufenweise Wiedereingliederung in seinem Betrieb. Er arbeitet nun in einer Abteilung, für die er keine Dienstreisen mehr auf sich nehmen muss und ein geregelter Schlaf-Wach-Rhythmus gewährleistet ist.

Literaturverzeichnis

Caspar, F., Pjanic, I., Westermann, S. (2018). *Klinische Psychologie*, Berlin,
doi: 10.1007/978-3-531-93317-7

Berking, M. (2012). Ursachen psychischer Störungen; In: Berking, M., Rief, W.
(Hrsg.) *Klinische Psychologie und Psychotherapie Bd. II*, Berlin,
S. 19-27, doi: 10.1007/978-3-642-25523-6.

Davison, G., Neale, J. M., Hautzinger, M. (2007). *Klinische Psychologie*, 7. Aufl.,
Weinheim.

Ertle, A., Joormann, J., Wahl, K. Kordon, A. (2009). Sagen dysfunktionale
Kognitionen den Therapieerfolg voraus? *Zeitschrift für Klinische Psychologie und Psychotherapie*, 38 (1), 44–51, Göttingen, doi: 10.1026/1616-3443.38.1.44.

Fiedler, P. (2012). Persönlichkeitstheorien; In: Senf, W., Broda, M. (Hrsg.) *Praxis der Psychotherapie*, 5. Aufl., Stuttgart, S. 112-123.

Häfner, S., Franz, M., Lieberz, K., Schepank, H. (2001). Psychosoziale Risiko-
und Schutzfaktoren für psychische Störungen: Stand der Forschung, Teil 1: Psychosoziale Risikofaktoren, *Psychotherapeut* 5, S. 343-347.

Häfner, S., Franz, M., Lieberz, K., Schepank, H. (2001). Psychosoziale Risiko-
und Schutzfaktoren für psychische Störungen: Stand der Forschung, Teil 2: Psychosoziale Schutzfaktoren, *Psychotherapeut* 5, S. 403-408.

Hautzinger, M. (2013). *Kognitive Verhaltenstherapie bei Depressionen*, 7. Aufl.,
Weinheim.

Hehlmann, M. I., Schaan, V., Rubel, J. A. (2018). Eine meta-analytische
Untersuchung des sozioökonomischen Status als Risikofaktor für postpartale Depression, *Zeitschrift für Klinische Psychologie und Psychotherapie* (2018), 47 (4), 229–240, doi: 10.1026/1616-3443/a000491.

Herzberg, Ph. Y., Roth, M. (2014). *Persönlichkeitspsychologie*, Wiesbaden, doi: 10.1007/978-3-531-93467-9.

Kienle, R., Knoll, N., Renneberg, B. (2006). Soziale Ressourcen und Gesundheit: soziale Unterstützung und dyadisches Bewältigen; In: Renneberg, B., Hammelstein, Ph. (Hrsg.), *Gesundheitspsychologie*, Heidelberg, S. 107-121.

Klipker, K., Baumgarten, F., Göbel, K., Lampert, T., Hölling, H. (2018). Psychische Auffälligkeiten bei Kindern und Jugendlichen in Deutschland – Querschnittergebnisse aus KiGGS Welle 2 und Trends, Robert-Koch-Institut Berlin; *Journal of Health Monitoring* 2018 3 (3), S. 37-44, doi: 10.17886/RKI-GBE-2018-007.

Knoll, N., Schwarzer, R. (2005). Soziale Unterstützung; In: Schwarzer, R. (Hrsg.) *Gesundheitspsychologie*, Göttingen, S. 333-349.

Kring, A. M., Johnson, S. L., Hautzinger, M. (2019). *Klinische Psychologie*, 9. Aufl., Weinheim.

Maercker, A., Michael, T. (2009). Posttraumatische Belastungsstörungen; In: Margraf, J., Schneider, S. (Hrsg.), *Lehrbuch der Verhaltenstherapie Bd. 2, 3. Aufl.*, Heidelberg, S. 105-124.

Margraf, J., Schneider, S. (2009). *Lehrbuch der Verhaltenstherapie Bd. 2, 3. Aufl.*, Heidelberg.

Radkovsky, A., Berking, M. (2012). Kognitive Verhaltenstherapie; In: Berking, M., Rief, W. (Hrsg.), *Klinische Psychologie und Psychotherapie Bd. II*, Berlin, S. 23-41, doi: 10.1007/978-3-642-25523-6.

Reinecker, H. (2012). Verhaltenstherapie; In: Senf, W., Broda, M. (Hrsg.), *Praxis der Psychotherapie*, 5. Aufl., Stuttgart, S. 199-241.

Rief, W., Stenzel, N. (2012). Diagnostik und Klassifikation; In: Berking, M., Rief,

W. (Hrsg.) *Klinische Psychologie und Psychotherapie Bd. I*, Berlin, S. 9-16.

Rothangel, S., Schüler, J. (2004. *Kurzlehrbuch medizinische Psychologie und Soziologie*, 2. Aufl. Stuttgart.

Schauenburger, H., Zimmer, F. T. (2012). Depression; In: Senf, W., Broda, M. (Hrsg.) *Praxis der Psychotherapie*, 5. Aufl., Stuttgart, S. 370-396.